AF343345

DECLARATION

DV ROY, PORTANT QVE
les Presidens, Conseillers, Aduocats
& Procureur General de sa Maiesté
en la Cour des Aydes de Paris, qui
auront esté examinez & receus, & y auront seruy six ans entiers, seront admis
au Parlement de Paris aux Offices dont
ils seront pourueus en iceluy, mesmes
és charges de Maistres des Requestes
ordinaires de l'Hostel, tout ainsi que
les Officiers des autres Parlemens, sans
subir nouuel examen.

Verifiée en Parlement le 20. Decembre 1639.

A PARIS,
Par P. METTAYER, A. ESTIENE, & P.
ROCOLET, Imprimeurs ordinaires du Roy.

M. DCXXXVI.

Auec Priuilege de sa Majesté.

LOVIS par la grace de
Dieu Roy de France
& Nauarre, A autantz
& chascun de noz Conseulx
Ordonateurs & officiers, Cou...
... Tulle ... Seneschaux
Salut. A noz amez ... Officiers,
leurs Conseillers, Aduocatz & Procu-
reurs General de noz ...
... PARIS, Non ... rapportent
... des ... du Parlement de ...
Ces Ordonnances ... Lyon, Parlement
... publiees en l'Auditoire dudict ...
Bure... & Decembre mil cinq cens ...
... tant par toutz les noz Place
... au Pays pour lesque...
actiuemede dicts ... & soubz l'auctori-
... Ca. le XXIII. Pars-en ...
... Et ... mandons expresses ... la matiere

LOVIS par la grace de Dieu Roy de France & de Nauarre, A nos amez & feaux Conseillers les Gens tenás nostre Cour de Parlement à Paris, Salut. Nos amez & feaux les Presidens, Conseillers, Aduocats & Procureur General de nostre Cour des Aydes à Paris, Nous ont fait remonstrer, Que dés le regne du Roy Iean, par deux de ses Ordonnances, l'vne faite vn an auát sa prison en l'Assemblée des Estats à Paris le 28. Decembre 1355. sur l'establissement des Aydes, pour l'entretenement des guerres: & des Eleus & Receueurs en chacun Diocese, pour le gouuernement desdites Aydes: l'autre faite en son Grand Conseil à Paris les 18. & 24. Decembre 1360. sur la maniere

de leuer & regler lefdites Aydes ordó-
nées pour fa deliurance & entretenement defdites guerres. Ladite Cour
des Aydes auroit efté inftituée & efta-
blie pour refider à Paris, au nombre &
en la qualité de neuf Generaux Confeillers fur le fait defdites Aydes, pour
iuger en dernier reffort comme Arreft
du Parlement, & fans qu'on en peuft
appeller. Et de fait, delors plufieurs
Edicts, Declarations & autres Lettres
Patétes furent addreffées à ladite Cour,
pour eftre par elle publiées, verifiées &
regiftrées en qualité de Cour fouuerai-
ne, comme il fe void par les Regiftres
d'icelle, & en nos Ordonnances, fous
le tiltre des droicts de Refue, Haut-
paffage & Impofition foraine, qui furent reglées enuiron le mefme temps.
Et par Ordonnance & Declaration du
Roy Charles V I. données à Paris le
8. Mars 1396. les amendes des appella-

tions releuées des Eleus & de leurs Cō-
mis en ladite Cour, furét reglées à l'instar de celles du Parlement : Et depuis
par autre Ordonnance du mesme Roy,
faite sur l'Assemblée des trois Estats tenus à Paris au mois de May 1413. sur la
reformation des Offices & abus du
Royaume, publiée par ledit Seigneur
Roy en son lict de Iustice au Parlemét,
ladite Cour des Aydes auroit esté con-
seruée en sa souueraineté, auec ces mots
(comme nostre Cour de Parlement)au
nombre de quatre Generaux,trois Cō-
seillers & vn President, lesquels Generaux & Conseillers furent incontinent
aprés vnis & augmentez cóme auparauant: Et apres les guerres des Anglois &
Bourguignós appaisées,le Roy Charles
VII. ordonna par ses Lettres Patentes
données à Issoudun le 6. Nouembre
1436. publiées à la fenestre de la Sale du
Palais à Paris , de l'ordonnance de la

dite Cour de Parlement, le 29. dudit
mois de Nouembre ; Que les Cours
tant du Parlement que des Generaux
des Aydes, qui auroient esté transferées à
Poictiers, comme aussi les Chambres
des Comptes & des Monnoyes transferées à Bourges, seroient remises & re-
stablies à Paris aux mesmes lieux où elles estoient auparauant: Peu apres le-
quel temps , fut erigée vne seconde
Cour des Aydes à Montpelier pour le
Languedoc , à l'instar de celle de Paris,
par Lettres Patentes du 20. Auril 1437,
sept ans auparauant la creation du Parlement de Thoulouse, qui n'est que de
l'an 1444. Ce qui fait cognoistre, que
ladite Cour des Aydes de Paris a esté
establie, & continuellemét recogneuë
apres le Parlement de Paris, pour Cour
souueraine, seule & vniuerselle en Frã-
ce pour lesdites Aydes, pres de cent ans
auparauãt le Parlement de Thoulouse,

qui est le second Parlement du Royaume : Et mesme, que quád les Roys nos
predecesseurs ont voulu regler l'examé
des Conseillers de nos Parlemés par les
Ordonnances 1546. 47. & 48. ils ont
ordonné pareillement par autre Ordonnance expresse & particuliere, donnée à Fontainebleau au mois de Iuin de
l'année suiuante en 549. Que les Conseillers de la Cour des Aydes de Paris,
seroient interrogez, & subiroient pareil examen sur la loy donnée à l'ouuerture du liure, que ceux des Parlemens,
attendu, dit ladite ordonnance, qu'elle
est Cour souueraine, & iuge en dernier
ressort de toutes les causes dont la co-
gnoissance luy est attribuée, & de si
long temps, qu'il n'est memoire du có-
traire : ce qui est aussi remarqué par autre Ordonnance precedente du Roy
Louis XII. donnée à Lyon le 24. Iuin
1500. ET toutefois pourroit arriuer,

que quand aucuns du corps de noſtredite Cour des Aydes, ſeroient pourueus
d'Offices en noſtredite Cour de Parlement de Paris, que noſtredite Cour de
Parlement feroit difficulté de les receuoir ſans nouuel examen, non ſous autre pretexte, vray ſemblablement que
du petit nombre dont ladite Cour des
Aydes eſtoit compoſée auant l'Edict de
creation d'vne ſeconde Chambre en
ladite Cour, & de ce que les Officiers
d'icelle n'eſtoient interrogez ſur la loy
donnée à l'ouuerture du liure auparauant ladite Ordonnance de l'an 1549.
qui les a reduits & abſtraints à pareil
examen que ceux de noſtredit Parlement de Paris, & autres Parlemens de
noſtre Royaume. Ce qui ne ſe doit
pratiquer à l'egard des Officiers de ladite Cour des Aydes, attendu les Ordonnances cy deſſus, & particuliere-
ment celle de l'an 1549. & de l'erectió
d'vne

d'vne seconde Chambre de l'an 1551.
puis qu'aussi il ne se pratique pas à l'e-
gard des Officiers des Parlemens esta-
blis long-temps depuis ladite Cour des
Aydes de Paris, & qui ne sont tous, en
guere plus grand nombre; A CES CAY-
SES, considerant l'ancien establissement de ladite Cour des Aydes, imme-
diatement apres celuy de nostre Cour
de Parlement de Paris, & pres de cent
ans auant l'establissement du Parlemét
de Thoulouze, & des autres Parlemens & Cours Souueraines: Et que l'e-
xamen des Conseillers d'icelle Cour
des Aydes, se fait en pareille forme &
auec mesme rigueur, que celuy de nos-
dits Parlemens, mesmes des plus ri-
goureux en la forme desdits examens:
Et que par l'Edict de creation d'vne
seconde Chambre en ladite Cour des
Aydes de l'an 1551. verifiée en nostredit
Parlement de Paris, l'an suiuant 1552.

& plusieurs autres Edicts subsequens,
par lesquels le nombre des Conseillers
de ladite Cour, a esté tellement aug-
menté, qu'il se peut dire, que l'examen
qui s'y fait des Officiers d'icelle à leur
reception, n'est moins exact & rigou-
reux, que celuy qui se fait aux autres
Parlemés, qui sont de posterieure creation, & ausquels le nombre des Iuges
n'est pas plus grand: NOVS DE L'ADVIS
de nostre Conseil, auquel les Edicts,
Declarations & Ordonnances susdites,
ont esté veuës & meurement conside-
rées, AVONS de nos certaine science,
plaine puissance & authorité Royale,
voulu, statué & ordonné, & par ces
presentes signées de nostre main, ordonnons, statuons, voulons & nous
plaist, Que les Presidens, Conseillers,
Aduocats & Procureur General de no-
stredite Cour des Aydes de Paris, qui auront esté examinez & receus suivant

ditmos Ordonnances fufes , puiſſent
eſtre admis & receus en noſtredite
Cour de Parlement de Paris, quand ils
feront pourueûs d'aucuns Offices d'i-
celle : & meſme de ceux de Maiſtres des
Requeſtes ordinaires de noſtre Hoſtel,
tout ainſi que les Conſeillers & Officiers de nos autres Cours de Parlemés,
fans eſtre tenus de ſubir nouuel examé:
Pourueu toutefois qu'ils ayent ſeruy
l'eſpace de ſix ans entiers en ladite Cour
des Aydes , fuiuant le reglement par
nous fait & obſerué en noſtredite Cour
de Parlement de Paris pour le regard
deſdits Offices de Maiſtres des Requeſtes ſeulement. SI VOVS MANDONS,
ordonnons & tres-expreſſement en-
joignons, que cette preſente noſtre Ordonnance & Declaration , vous ayez à
faire lire, publier & regiſtrer, & du contenu en icelle, faire iouïr les Officiers de
noſtredite Cour des Aydes felon ſa for-

me & teneur, nonobstant tous Edicts,
Arrests & Reglemens & pretendus v-
sages à ce contraires, ausquels nous
auons derogé & derogeons entant que
besoin seroit par cesdites presentes signées de nostre main : C A R tel est nostre plaisir. D O N N E à Paris le vingt-
septiéme iour d'Auril, l'an de grace mil
six cens vingt-sept, & de nostre regne,
le dix-septiéme. Signé, L O V I S. Et plus
bas, Par le R o y, DE LOMENIE. Et seellée
du grand seau de cire iaune sur simple
queuë. Et à costé est encor écrit;

Leuës, publiées & registrées, Ouy ce
requerant & consentant le Procureur Ge-
neral, Pour estre executées selon leur forme
& teneur, A Paris en Parlement le Roy
y seant, le vingtiéme iour de Decembre
mil six cens trente-cinq.

Signé, DV-TILLET.

OVIS par la grace de Dieu
Roy de France & de Nauar-
re, A nos amez & feaux Conseillers les Gens tenans noftre Cour de
Parlement à Paris, Salut. PAR nos Lettres du 27. Auril 1627. nous auons voulu, ftatué & ordonné, Que nos auffi a-
mez & feaux les Prefidens, Confeillers,
Aduocats & Procureur General de noftre Cour des Aydes à Paris, & leurs fuc-
ceffeurs aufdites charges , qui auront
efté examinez & receus en icelle fuiuât
nos Ordonnances , puiffent eftre par
vous admis & receus , quand ils feront
pourueus d'aucuns Offices de noftre-
dit Parlement , & mefmes de ceux de
Maiftres des Requeftes ordinaires de
noftre Hoftel , tout ainfi que nos autres Confeillers & Officiers de nos autres Parlemens : Mais pource que vous
pourriez faire difficulté de receuoir nof-
dites Lettres, à caufe qu'elles font à pre-

B iij

sent surannées, Nous vous mandons &
tres-expressémét enioignons, que nos-
dites Lettres cy attachées sous nostre
contreseel, vous faites lire, publier & re-
gistrer, & de tout le contenu en icelles,
iouïr & vser lesdits Officiers de nostredi-
te Cour des Aydes paisiblemét, nonobstant qu'elles soient surannées, dont de
nostre grace speciale, pleine puissance &
authorité Royale, nous les auons rele-
uez & releuons par ces presentes: CAR
tel est nostre plaisir. DONNÉ à Paris le
quinziéme iour de Decembre, l'an de
grace mil six cens trente-cinq, & de nostre regne, le vingt-sixiéme. Signé, Par
le Roy en son Conseil, LORMIER. Et
seellées du grand Seau de cire iaune sur
simple queuë. Et encor est écrit:

Leuës, publiées & registrées, Oüy ce
requerant & consentant le Procureur
General du Roy, A Paris en Parlement, le

Roy y seant, le vingtième iour de Decembre mil six cens trente-cinq.

Signé,   DV-TILLET.

Collationné aux Originaux par moy
Conseiller Secretaire du Roy & de
ses Finances.

9 782329 247915